PETIT GUIDE POUR SOIGNANTS

Kevin GIAMBERTONE

Petit guide pour Soignants

A tous les soignants.

Introduction

Comment débuter cette expérience ?

Et bien, à l'heure où je commence ce guide, je ne le sais pas vraiment.

Ce dont je suis sûr, en revanche, c'est que je ressens le besoin de le faire, écrire !

Le sujet qui m'intéresse particulièrement est mon métier, ma passion : le prendre soin.

Je souhaite également que ce livre soit un petit guide, non exhaustif bien sûr, mais un support pour les professionnels, les non professionnels et même les futurs professionnels de santé.

Un extrait de bienveillance qui je l'espère va vous permettre de vous valoriser !

Car c'est pour moi le but de ce guide, à travers mes nombreuses rencontres. J'ai eu la chance de côtoyer des personnes incroyables et différentes qui m'ont énormément appris.

De l'ASH au Médecin en passant par les Directeurs, chacun d'entre eux mon permis d'évoluer jusqu'à vous aujourd'hui.

Alors je ne peux que vous souhaitez une bonne lecture et n'hésitez pas à feuilleter le livre dès que le besoin s'en fait sentir.

Chapitre 1 : Présentation

Écrire n'est pas un sujet naturel pour moi, encore moins écrire un guide.

Il faut dire que je ne suis normalement pas très bon en grammaire, toutefois, cela prouve encore une fois que chacun d'entre nous peut progresser, j'en suis la preuve avec l'orthographe…

Je commence, naturellement, par le début : je m'appelle Kevin, j'ai 30 ans, et je suis Aide-soignant spécialisé en gériatrie ASG[1] depuis 8 ans.

Avec ma compagne, Bérénice, nous avons créée il y 5 ans : Les Cavaliers du cœur

---

[1] ASG : Assistant de Soins en Gérontologie, c'est une spécialisation du métier d'aide-soignant vers la voie de la géronto psychiatrie

Une association qui nous permet de proposer des séances de médiation Animale en crèches, Ehpad et hôpitaux.

Pour faire simple, nous développons une technique non médicamenteuse TNM[2] afin de stimuler les liens entre l'homme et l'animal.

Cette méthode permet entre autres de travailler avec un groupe de personnes sur un sujet commun (ateliers mémoire) ou en individuel

Aujourd'hui nous collaborons avec de nombreux hôpitaux du var, une vingtaine de maison de retraite

---

[2] TNM : Techniques Non Médicamenteuses, ou soin thérapeutique

(Ehpad), quelques crèches et des patients à domicile.

Je suis très fière du parcours qui me mène à vous aujourd'hui, et, qui me permet de me questionner ainsi :

Comment un simple aide-soignant (AS) as-t-il eu le courage de sortir des cases ?

Ça n'a pas été facile mais j'ai toujours voulu apporter mon propre regard du métier de soignant.
Sans être un rebelle, mais avec le cœur tourné vers ce qui est juste, ce que je crois être juste.

Au fil des années j'ai travaillé 5 ans en Ehpad puis j'ai ouvert mon entreprise ce qui m'a permis d'élargir mes horizons et découvrir de multiples variantes de mon métier.

De plus, mon beau père et son ex-femme sont tous les deux infirmiers libéraux et anciens infirmiers militaires.

J'ai eu la chance d'observer leur quotidien bien avant d'être un soignant à mon tour.

A ses temps de pause repas, Véro discutait souvent de son quotidien avec ses patients, un moyen d'apporter de la vie aussi dans les soins pas toujours évidents.

Mais aussi pour nous un moyen de comprendre ce que vivent certaines personnes, et l'importance des soignants !

Ils m'ont aussi conseillé et guidé sur mes évolutions de carrières (ASG, l'Association puis l'entreprise).

Je pense que ce qui caractérise un bon soignant, c'est aussi sa capacité à acquérir des connaissances.

Auprès de tous les professionnels qu'il va rencontrer (Agents de Services Hospitaliers, Aides-Soignants, Infirmiers DE, Kinésithérapeutes, Médecins, Aides Médicaux, Auxiliaires, Éducateurs spécialisés pour ne pas tous les citer)

Ces croisements de spécialités permettent de stimuler le travail de chacun.

Par exemple : Un kiné va vous apprendre à mobiliser les membres d'un patient en fonction de sa pathologie.

L'aide-soignant lui, vous dira si le patient est capable de réaliser (sur un moment donné) le geste ou non, car il est au plus près du patient et le plus longtemps (souvent après les soins d'hygiènes).

Un ASH (agent des services hospitaliers) va nettoyer et désinfecter les chambres pour permettre aux aides-soignants et infirmiers de prodiguer des soins dans un environnement idéal.

Voilà pourquoi, après avoir travaillé 10 ans dans le soin, je suis en mesure de vous présenter mon point de vue sur le métier incroyable d'aide-soignant.

J'aimerai que ce guide vous permette, pour ceux qui ne sont pas du métier, de vous rendre compte de l'aspect humain et relationnel que représente la profession.

Pour ceux qui sont en formation, d'avoir un support différent de celui des écoles.

Enfin, pour les soignants en poste de prendre de la hauteur, de vous valoriser, vous rassurer et d'être le coup de pouce dans vos soins.

Chapitre 2 Aide-soignant :

Tous les soignants le savent, il y a des « cases » pour chaque professions Médicales et paramédicales, et le métier d'Aide-soignant en a une bien ficelée.

Comment décrire succinctement le métier ? Pas si simple, mais j'ai néanmoins une petite idée :

Un aide-soignant est un soignant qui travaille avec un infirmier (dans la plupart des cas, ceux qui travaillent à domicile sont seul physiquement, ceux qui travaillent la nuit aussi etc…)

Ensuite, ce soignant travail au plus près des patients, c'est à dire que nous passons le plus de temps à leurs côtés, pour les soins.

Les soins sont très divers, et changent en fonction des patients :

- Soins d'hygiène pour les patients ayant des difficultés pour les réaliser seuls,
- Distribution de médicaments préparés par les infirmiers,
- Soins thérapeutiques,
- Accompagnement psychologique,
- Stimulation,
- Aide aux repas,
- Transferts,
- Manipulations etc…

Enfin le plus connu est bien sûr les soins d'hygiènes, ou plus facilement appelé : Les toilettes !

Quand on arrive en Ehpad c'est un peu le maître mot, l'étiquette.

Je m'explique, qui d'entre nous, n'a jamais entendu que les Aides-soignants de toute façon ne sont là que pour « faire des toilettes ?

Je pense que la quasi-totalité des soignants qu'ils soient en Ehpad, à domicile ou à l'hôpital ont en mémoire cette phrase.

Et bien pour moi, cela ne m'a jamais freiné, bien au contraire ! (Je dois tenir cette force de caractère de ma maman, ma mamie et certainement mon grand-père).

Depuis l'obtention de mon diplôme j'ai toujours décidé de mettre en avant mon talent et ma profession.

J'estime que je suis spécialisé dans des soins techniques (je n'aime pas le terme de prise en « charge » que je trouve péjoratif), et celle-ci valent la peine d'être défendues.

Je collabore avec les infirmières (IDE) avec qui je travaille dans le plus grand respect.

Je pense que nos métiers sont complémentaires mais bien distincts.
A ce sujet je considère qu'il faut séparer les tâches AS et IDE afin que chacun ait sa zone de travail et la valorisation qu'il mérite.

Quand on observe l'actualité de ces deux dernières années, la crise sanitaire a permis de prouver l'importance des soignants et encore plus des aides-soignants.

Certains ont travaillé seul, sans aide, sans directives, et ils ont assurés comme des chefs.

J'en profite pour leurs dire Bravo !

Cela prouve que les aides-soignants sont autonomes, intelligents, courageux et dotés d'un sens du devoir incroyable. C'est la raison pour laquelle il faut les mettre en avant.

Tandis que, si nous nous penchons sur la définition officielle de L'OMS[3], celle-ci ne donne pas très envie de s'embêter à faire ce métier.

« L'aide-soignant dispense des soins de la vie quotidienne ou des soins aigus pour préserver la continuité de la vie, restaurer le bien-être et l'autonomie en collaboration étroite

[3] OMS : Organisation Mondiale de la Santé.

avec son équipe, dont le médecin et l'infirmier »
Le problème actuel c'est la politique du ministère de la santé.

Pour le moment, la France est très en retard sur les soins, nous évoluons certes, mais à la vitesse d'un escargot tandis que nos voisins Belges ou canadiens galopent !

Actuellement, les soins ne sont pas assez mis en avant, les carrières des Ehpad et hôpitaux pas assez attractifs et je le comprends.

Quels jeunes auraient envie de se lever à 5 heures du matin pour aller travailler avec des vieux et gagner à peine 1400 € net ? Pas grand monde je le crains.

Je pense que c'est un métier trop longtemps dévalorisé et associé à un travail peu satisfaisant, alors qu'il n'en est rien ! J'ai eu les plus grosses doses d'émotions en exerçant ce métier.

Je pense que ceux qui vont faire bouger les choses et élever la profession sont tous les soignants qui sont hors des « normes », qui sortent la tête du guidon pour imposer leurs opinions.

Chapitre 3 : Une équipe de choc !

J'ai eu la chance de rencontrer des soignants exceptionnels qui en font partie ! Comment ne pas les mettre en avant dans ce livre.

Eux qui chaque jour font des merveilles pour nos aînés.

Nos parents, nos enfants, nos amis, etc...
Eux qui ont donné envie à tellement d'hommes et de femmes de faire ce métier, d'apprendre aussi.

Enfin, Eux qui malgré la difficulté du travail, sont capable de travailler en équipe.

Une des situations les plus difficiles lorsque l'ont travail en équipe est de tomber sur une « bonne équipe »

Nous avons tous en tête, ce ou cette collègue grâce à qui, nous savons que nous allons passer une bonne journée dans la joie et la bonne humeur.

Grace à mon parcours, je peux vous décrire les différentes collègues que vous devez absolument avoir pour former une super équipe !

Émilie : Une Émilie dans une équipe, c'est la soignante qui vous fera rire dès son arrivée le matin.

Elle apporte sa manière de voir les choses et ne s'en cache pas. Elle est très curieuse, même un peu trop … mais en ce qui concerne les résidents, elle est très respectueuse et à l'écoute.

C'est mon amie depuis que je l'ai connu en EHPAD et lorsque nous étions en binôme les journées, je savais que quoi qu'il se passerait, ce serait dans la joie et la bonne humeur !

Coco : Si vous n'avez jamais rencontré de Coco dans le milieu de la santé, alors accrochez-vous !

Une guerrière qui n'a peur de personne. Une meneuse dans l'âme même si elle n'aime pas se qualifier ainsi, son tempérament fait que les autres soignants la suivent instantanément.

Elle est très dynamique, travail avec un rythme incroyable et la fatigue ne se fait pas ressentir avec Coco.

Une Aide-soignante très forte et indépendante !

Marine : C'est L'aide-soignante devenue Infirmière Clinicienne, un grand bravo !

Mais avant d'en arriver là, je l'ai connue comme l'aide-soignante au grand sourire, du matin au soir et en toute circonstance.

Connaissez-vous des soignants avec de tels qualités ? si oui dites leurs qu'ils sont fantastiques !

Sans oublier que Marine est d'une douceur sans failles avec les patients.

Lorsqu'elle discute avec les résidents d'un Ehpad, c'est comme si elle discutait avec ses grands-parents, de la bienveillance et ça fait du bien !

Leslie : Comment penser à Leslie sans évoquer son sens de la gravité… Car oui, Leslie en plus d'être une aide-soignante douce, patiente, à l'écoute ; et aussi quelque peu maladroite…

Il m'arrive de repenser à ses chutes mémorables pour lesquelles nous rions des heures durant.

Leslie, c'est la soignante au grand cœur, qui envahie l'espace d'onde positives lorsqu'elle entre dans une pièce.

Elle affirme ses idées et travail avec son cœur et comme elle le ressent Les résidents la connaissent pour sa douceur et l'équipe aussi.

Nath : Je pense que chaque soignant a déjà connu une Nathalie dans son équipe.

Mais si, vous savez, c'est l'aide-soignante qui travaille au même endroit que vous, mais pas dans le même fuseau horaire…

Pour elle, le temps n'a pas trop d'importance, arriver à 7h20 au lieu de 7h00 … quand elle est en avance.

Mais lorsqu'elle arrive « enfin », c'est une soignante qui est présente à cent pour cent pour ses patients.

Elle ne compte pas ses heures, elle est très à l'écoute et aime finir son travail même si sa journée est terminée (je l'ai souvent vue partir bien après l'heure pour finir des soins qu'elle aurait très bien pu laisser à l'équipe suivante)

Également, une Nath dans son équipe c'est la soignante, de petite taille, toute fine mais capable de mobiliser des résidents qui font plus de 100kg sans problème ! Une Battante !

Béatrice : une Infirmière qui a du cœur, j'ai eu la chance de travailler plusieurs années avec Béa.

Elle fait partie de ces infirmières qui considèrent les AS comme leur binôme et travaillent vraiment en collaboration avec eux.

C'est fantastique de pouvoir réellement collaborer en binôme (souvent c'est uniquement sur le papier, la réalité est loin du compte)

De plus, elle est humaine avec les résidents, dit tout haut ce qu'elle pense et cela permet de travailler en confiance. Merci

Je suis sûr qu'il y a des milliers de Béa, Émilie, Coco, Leslie, Marine ou encore Nath, et c'est grâce à tous ces soignants hors du commun que j'ai progressé dans le soin.

Merci à elles !

Chapitre 4 : petit guide

Comment gérer le rythme des toilettes en Ehpad ?

Tous les soignants peuvent en témoigner, lorsqu'on débute nos journées, le plus important c'est d'avoir de la patience, des blocs entiers de patience.

Les journées se suivent mais ne se ressemblent pas, il faut faire face aux patients, aux familles mais aussi aux responsables, pas facile quand on sait que l'on a des êtres humains à protéger.

Les rythmes de travails, pour une large majorité (il y à toujours quelques paradis perdu) imposent de perdre peu à peu tout ce que l'on a appris en cours.

Or, j'ai observé que l'on perd les bonnes habitudes pour en créer des mauvaises, je m'explique.

A l'école, les Aides-soignants sont évalués sur leurs capacités à prendre soins de leurs patients.

Dans le respect des protocoles de soins, du patient et du matériel, dans la réalité il faut savoir s'adapter et faire preuve de bon sens.

Si nous devions réaliser un soin aussi bien qu'à l'école, il faudrait au moins doubler l'effectif des soignants en poste actuellement.

Nous savons tous que c'est impossible, nous avons alors dû nous adapter, les soins sont moins longs, nous sommes forcément moins attentifs, c'est humain.

Je reviens donc à nos mauvaises habitudes, ici nous accélérons les soins pour que tous les patients puissent en bénéficier.

Pourquoi ne pas simplement répartir les soins sur la journée ?

Les toilettes en Ehpad, c'est une institution ! Pour une très grande majorité, c'est tous les matins sans exceptions.
Il faut que toutes les toilettes et douches des résidents en Ehpad soient terminés avant midi.

Quand j'étais en poste, je ne le voyais pas aussi bien, mais à présent, cela me fait penser à une cacophonie matinale ou tout doit être prêt et terminé pour la fin de matinée.

Je ne sais pas pour vous, mais moi je prends ma douche une fois par jour, le soir !
Il ne me viendrait pas à l'esprit de me laver uniquement le matin, et bien pour les résidents c'est pareil.

Une idée pour tous les responsables qui liront ce guide.
Si vous détachez un soignant spécifique l'après-midi pour réaliser les douches ou toilettes des personnes qui n'aiment pas se laver le matin, cela libèrerait du temps le matin pour les soins.

Un gain de temps pour les résidents, mais aussi pour le personnel, qui peut alors mieux préparer ses soins, organiser les salles de soins pour l'équipe suivante, là aussi un gain de temps…

Il faut savoir casser les codes fixés il y a des années par des personnes qui ne sont pas soignants et qui ne sont pas dans la réalité.

Enfin, si le rythme est important, que les toilettes sont trop nombreuses et trop lourdes.
Il faut le faire savoir et l'expliquer sur la qualité des soins.

Si vous avez besoin d'être à deux, prenez le temps nécessaire, parlez-en à vos binômes, cela aide énormément. Il y a toujours des solutions à trouver.

N'hésitez pas à prendre la parole aux transmissions, questionner les médecins, les responsables, vos collègues infirmiers.

Tous ceux qui sont susceptibles de faire remonter les informations pour vos patients.

Le tutoiement et le vouvoiement, comment s'y retrouver ?

Tout le monde le sait, depuis toujours, la grande règle en matière de respect dans les maisons de retraite est de demander à tout le personnel de vouvoyer les résidents.

C'est vrai que c'est signe de respect, cela crée une distance entre soignant et soigné.

Mais trouvez vous normal de dire « vous », Madame, Monsieur, à un résident qui est tous les jours à vos côtés ?
A ce résident malade, qui a des troubles cognitifs ?
A un résident qui a du mal à se souvenir de son propre prénom et de son numéro de chambre ?

Ce sujet donne souvent des divergences d'opinions dans les équipes, il y a les Pro du « Vous », ceux qui vouvoient même leur collègue, et les Pro du « Tu », plus à l'aise avec le tutoiement

Mon avis va dans les deux sens, je pense qu'il faut proposer Le-vous à tous, mais à partir du moment ou un résident vous autorise à le tutoyer il le faut.

Qu'en est-il des résidents trop malades pour le dire ?

Et bien il faut opter le plus naturellement par le Tu et le prénom (un malade d'Alzheimer se rappel plus facilement de son prénom et y répond plus vite, le lien en est que plus solide)

Enfin, ne restons pas choqué lorsqu'on écoute un soignant ou collègue tutoyer son patient, c'est une manière aussi, à mon avis, de casser la routine, faire tomber les barrières froides du système.

Comment réagir face au manque de personnel ?

Il est très compliqué de vivre l'absence d'un ou d'une collègue.

Nous savons que dans la grande majorité des cas, ils ne le font pas exprès, mais dans un métier si difficile, c'est problématique.

Les effectifs des soignants sont limités, la plupart du temps, quand il y a un absent, c'est quasi impossible de remplacer dans l'heure.

Il faut donc faire avec, malheureusement les patients et résidents ont besoin de soins.

Il faut alors opter pour des solutions rapides.

La première, la cohésion d'équipe, ne pas se stresser, proposez vos collègues de reporter les soins les moins urgents sur l'après midi par exemple, déjà cela limite le nombre de soins.

Ensuite, il faut, avec gentillesse, demander de l'aide aux autres membres de l'équipe, même non soignants.

Par exemple, des ASH peuvent très bien aider des aides-soignants à faire des soins en binôme (pour libérer le second AS), aider à ranger les chambres et faire les lits, accompagner un patient à un rdv.
Les administratifs aussi, pourquoi pas.

C'est en restant soudé en équipe que la situation s'arrange, dans certains cas, c'est un moment agréable ou patient et personnel passent une journée différente et à coup sûr, sans routine !

Enfin, une fois la journée terminée, parlez-en en réunion et à vos responsables.

Il faut trouver en équipe des solutions et astuces qui vont vous permettre de résoudre des problèmes similaires !

N'oubliez jamais que vous êtes formidables et humain, ça suffit à tout sublimer, même une absence !

Quelles relations avoir avec les soignants de nuit ?

Dans un établissement les soignants de Nuit sont souvent les « oubliés ».

Pourtant ils sont extrêmement importants.
Généralement, seul ou en petit nombre ils arrivent à maintenir et gérer l'établissement. Alors que tous les autres membres du personnel sont bien sagement endormis.

Leur tâche n'est pas simple, il faut pouvoir surveiller les patients tout en respectant le rythme de sommeil.

Il faut pouvoir se détacher en cas d'urgence tout en poursuivant la surveillance des autres patients.

Lorsqu'il y a des animations des ateliers particuliers ou même dans mon cas de la médiation animale, il est vrai qu'ils sont peu concernés.

La quasi-totalité des activités se déroulent en journée.

On me questionne énormément sur la possibilité d'effectuer des ateliers le soir ou la nuit.

Et bien ma réponse est oui, nous développons ce que nous appelons les veillées ou douce nuit.

Celles-ci ont pour objectif d'aider les patients ou résidents, ayant des troubles du sommeil, à trouver le chemin vers l'endormissement et l'apaisement plus facilement.

Avec l'hiver, la nuit tombe plus rapidement.
La luminosité diminue et donc notre organisme doit s'adapter à tous les changements physiologiques que cela engendre.

Pour les personnes âgées c'est plus difficile.

L'objectif est d'avoir le retour du personnel de nuit concernant les interventions des professionnels en soins thérapeutiques le soir.

Cela permet de les impliquer, dans la démarche d'amélioration du projet de vie des patients et résidents en Ehpad.

Le temps des transmissions entre l'équipe de jour et celle de nuit, est primordial. Cela permet de faire la transition aux équipes et de les impliquer dans la journée.

J'ai beaucoup de respect pour les soignants de nuit et j'essaye de discuter avec eux au quotidien dès que j'ai l'occasion de les rencontrer le soir.

Doit-on lever du lit des patients ou résidents tous les jours ?

Il est vrai que la question est souvent posée : doit-on systématiquement lever des résidents qui sont alités tous les jours en Ehpad ?

Et bien je pense que cela dépend de la pathologie des résidents et de leurs habitudes de vie.

Parfois certains résidents qui sont au lit toute la journée (sous conditions médicales)
Apprécient réellement de ne pas sortir de leur chambre.

Certains aiment la solitude, l'isolement et apprécient le calme.

A l'inverse, certains aiment le bruit de la foule, écouter les conversations, et participer aux ateliers.

Même s'ils sont présents seulement pour écouter, il est intéressant de poursuivre le rythme ainsi.
Pour ces derniers, l'après-midi est un temps actif.

Quant aux résidents en fin de vie, mon avis va plutôt vers le repos en chambre, mais avec des activités individuelles régulièrement proposés aux résidents.

Cela peut être des massages, de la relaxation, de la stimulation sensorielle, des changements de position et bien plus encore.

Comment passer la main ou demander de l'aide quand la situation est complexe ?

Certaines fois dans la journée d'un soignant, il arrive qu'il y ait une tâche plus difficile à réaliser que d'autre.

Cela peut être des soins mortuaires, de l'accompagnement en fin de vie, certains soins difficiles à supporter ou certains patients compliqués à gérer.

Dans tous les cas, il est possible de demander de l'aide ou d'échanger une tâche à réaliser dans la journée.

Ce sera plus productif et permettra d'acquérir de l'adaptabilité, une qualité qui est très importante dans notre métier.

Je prends l'exemple d'un soignant qui ne se sentirait pas de réaliser un soin mortuaire.

Il est possible de demander de l'aide à un autre collègue ou d'échanger sa place avec un autre.

Certains matins, nous sommes plus fatigués que d'autres.
Certains services sont plus difficiles que d'autres.
Il est également possible d'échanger entre collègues les services de la journée

N'ayez pas peur de passer la main, il vaut mieux connaître ses faiblesses que de vouloir à tout prix réaliser un soin ou un acte, le tout sans en avoir envie.

Le résident ou le patient le ressentira forcément.

Gardez toujours confiance en vous, être un grand professionnel c'est savoir passer la main et reconnaître ses limites.

N'oublions pas que nous sommes tous des êtres humains, il n'y a pas de soignants parfaits, mais que des personnes qui aiment aider.

Quand faut-il changer de métier, de service, ou de lieu de travail ?

Une autre question qui m'est souvent posée, on me demande à quel moment j'ai su qu'il fallait que je change de travail et si je n'ai pas eu peur.

Je pense qu'il y a un moment où, chaque soignant se dira qu'il ne se sent pas à sa place.

Que ce soit dans son service ou ailleurs, il a fait le tour de tout le chant des compétences qu'il peut réaliser dans le service en question.

À ce moment-là, Il convient de se demander si le quotidien que vous vivez est cohérent avec vos envies.

Si le soignant que vous êtes est heureux au quotidien et si vous faites bien votre métier.

Et bien moi je pense que si vous vous levez le matin en étant heureux d'aller travailler, même si vous êtes fatigués, même si les patients sont difficiles, même si le salaire n'est pas à la hauteur de vos qualifications, alors vous êtes dans le bon service.

Toutefois, si vous allez à reculons travailler, si vous souffler entre chaque patient, si vous êtes souvent tendu, ne supportez plus vos patients, alors là oui il faut changer de service ou d'établissement.

La chance que nous avons, c'est que nous pouvons trouver du travail à n'importe quel endroit est très rapidement.

Il vaut mieux faire de l'intérim que de rester dans un poste une dizaine d'années, connaître tout le monde par cœur, mais tomber dans une routine de soins.

J'ai eu très peur au moment de quitter mon poste, j'avais une équipe formidable et des amis en or.

Mais les perspectives d'avenir qui s'ouvraient à moi me rendaient encore plus heureux et fier de changer de vie.

Oui ça fait peur mais l'enjeu croyez-moi en vaut la peine, alors si vous avez un projet foncez, ne regrettez pas de ne pas l'avoir fait plus tard.

Comment prendre soins des familles ?

Je voulais évoquer dans ce petit guide, le cas des familles.

Elles sont présentent partout, dans tous les établissements de santé.

Généralement, impossible d'y échapper.

Il est parfois complexe de gérer les demandes de tous et je sais de quoi il peut s'agir.

Il faut pourtant laisser place à chaque membre et les accompagner au mieux dans toutes les situations.

Alors, s'il faut retenir une seule chose ; associez-vous !

Faites des familles, une force dans votre travail.

Elles sont envahissantes ? Donnez leurs des taches à accomplir, elles en seront ravies.

Elles sont strictes ? Proposez leurs de faire la liste détaillée de toutes leurs demandes. Elles seront rassurées.

Et surtout, remerciez-les ! Tout le temps.
Les accompagnants sont souvent perdus et attendent une attention ou une aide venant des membres du personnels.

Le résultat s'en fera ressentir, au moment voulu, lorsque vous en aurez besoin d'une aide pour votre patient.

Quelle est la place des stagiaires/élèves ?

Si des élèves lisent ce guide, ce passage est fait pour vous !

Il faut savoir que les élèves paramédicaux sont souvent pris pour de la main d'œuvre supplémentaire.

Il faut donc faire attention à bien pauser les bases.

Les élèves qui sont en stage dans des établissements de santé, ne sont pas des salariés.

Ils sont là pour apprendre. Il ne faut pas les laisser seul réaliser les mêmes fonctions d'un titulaire diplômé par exemple.

Cela peut paraitre surprenant, mais c'est la réalité.

Je ne compte plus les soignants que j'ai entendu me dire qu'ils attendaient avec impatience les futurs élèves en stages, afin de se décharger et de leurs confier des patients.

Ce n'est pas possible de penser ainsi. Pour l'avoir vécu, mon premier stage en Ehpad à débuté tout simplement.

J'ai eu la responsabilité d'un étage entier, sans avoir réalisé une seule toilette seule.

Maintenant, avec l'expérience et le recul, je ne l'aurais pas accepté. Que ce soit sous la casquette d'étudiant, que sous celle de formateur.

Il y a une omerta qui empêche les élèves de se plaindre sous peine d'avoir de mauvaises notes ce qui entrainerait le refus de leurs diplômes.

Bien sur c'est totalement faux, hélas, trop peu d'élèves le savent.

Mon conseil pour les élèves qui liront ce guide, parlez-en !
A la minute où vous rencontrez une difficulté, parlez-en à vos formateurs.

Dans la majorité des cas, ils sauront vous aider et si la situation se confirme plus difficile que prévu. Le lieu de stage sera remplacé bien évidement.
Vous êtes essentiels pour les patients et apportez la modernité des soins nécessaire dans toutes les structures.

Chapitre 5 : Et après ?

Tous ceux qui se posent la question que faire après ?

Et bien il y a de nombreuses possibilités qui s'offrent à vous.

Vous pouvez vous reconvertir à n'importe quel moment, et ça c'est très confortable psychologiquement.

Avec l'envolée des micro-entreprises de plus en plus de soignants franchissent le pas et deviennent chef de leur propre entreprise, je trouve ça formidable.

D'autres bien évidemment décident de rester dans le médical et de faire des formations plus poussées. Comme infirmier, médecin, cadre de santé, ou encore directeur d'établissement.

Et oui, sachez qu'il y a des aides-soignants qui sont directeurs de leur propre établissement de santé.

C'est fantastique, tout comme des infirmiers, des psychologues, ou encore des psychomotriciens.

Il y a également des soignants qui changent complètement d'univers. C'est-à-dire qu'ils optent pour un métier qui n'est plus dans le médical.

Voilà comment certaines infirmières deviennent, pâtissières ou d'autres aides-soignants choisissent la voix de l'immobilier.

Tout est possible, le plus important c'est de ne pas baisser les bras et d'avoir confiance en vous.

Comme je vous l'ai dit dans la première partie du guide, ayez confiance en vous !

Vous êtes formidables, prenez toutes les formations qui s'ouvrent à vous renseignez-vous, soyez curieux et n'oubliez pas de prendre du recul dans vos décisions.

Merci

Un grand merci à tous ceux qui m'ont accompagné dans ma carrière.

A tous ceux qui m'ont appris ce que je sais aujourd'hui !

Ces professionnels passionnés et engagés, sans qui, jamais je n'aurais eu cette passion de mon métier.

Merci également à mes parents.

Merci à ma compagne et ma fille pour leurs patience le temps d'écrire ce petit guide.

A vous tous, qui lirez ces mots,

Affectueusement,

Kevin

Tables Des Matières

Auto-édition via Kindle direct publishing

Fin

Pour aller plus loin, vous avez des idées ? Des questions ?

Notez les ici, prenez-les en photos, envoyez le tout à kevincarminita@yahoo.fr et je vous répondrais le plus vite possible !

Vous préférez les réseaux sociaux ?
Insta :Lescavaliersducoeur

A très vite

Printed in Poland
by Amazon Fulfillment
Poland Sp. z o.o., Wrocław
28 January 2023

f8db3f39-5a84-481f-949a-1c57c5070357R01